박은호 글

어린이들과 함께 변덕쟁이 날씨를 알아 가고 싶어 이 책을 썼습니다. 지은 책으로는 《달콤달콤 무시무시 설탕을 조심해》, 《반짝반짝 까칠까칠 소금을 조심해》, 《보들보들 쫀득쫀득 밀가루를 조심해》, 《유럽 지도 여행 : 유럽은 오밀조밀 따닥따닥》, 《포포, 여행을 도와줘》, 《돈, 돈, 돈이 뭐라고? : 부자 되는 어린이 경제툰》 들이 있습니다.

강영지 그림

대학원에서 시각 디자인을 공부하고, 지금은 일러스트레이터로 활동하고 있습니다. 새로운 것을 공부해서 그림으로 표현하는 것을 좋아합니다. 그린 책으로는 《단골손님 관찰기》, 《나도 박지원처럼 기행 일기 쓸래요!》, 《한양 1770년》, 《음식, 잘 먹는 법》, 《편의점 톱 10》, 《냠냠 호로록 음식의 역사가 궁금해!》, 《이 물고기 이름은 무엇인고?》, 《빵이 더 맛있어지는 빵빵 투어》 들이 있습니다.

김성운 감수

어릴 적부터 과학에 관심이 많아 과학을 재미있게 가르쳐 주는 선생님이 되고 싶었습니다. 부산교육대학교를 졸업하고 울산에서 초등학교 교사로 근무하였으며 한국교원대학교에서 지구과학교육 박사 학위를 받았습니다. 지금은 충청북도 탄소중립지원센터에서 일하며 사람들에게 기후 변화를 이해시켜, 함께 지구를 지킬 수 있는 방법을 연구하고 가르치고 있습니다. 이 책을 읽는 어린이들이 기후 변화에 더 많은 관심을 갖고 지구를 아끼는 마음을 키워 나가기를 바라고 있습니다.

아이세움 지식그림책 040

후끈후끈 꽁꽁 날씨는 변신해

글 박은호 | **그림** 강영지 | **감수** 김성운
찍은날 2025년 9월 10일 초판 1쇄 | **펴낸날** 2025년 9월 25일 초판 1쇄
펴낸이 신광수 | **출판사업본부장** 강윤구 | **출판개발실장** 위귀영
아동문학파트 백한별, 정수진, 강별, 정민영 | **외주편집** 장미옥 | **출판디자인팀** 최진아, 강륜아
출판기획팀 정승재, 김마이, 박재영, 이아람, 전지현
출판사업팀 이용복, 민현기, 우광일, 김선영, 이강원, 허성배, 정유, 정슬기, 정재욱, 박세화, 김종민, 정영묵
출판지원파트 이형배, 이주연, 이우성, 전효정, 장현우
펴낸곳 (주)미래엔 | **등록** 1950년 11월 1일 제16-67호 | **주소** 서울특별시 서초구 신반포로 321
전화 미래엔 고객센터 1800-8890 **팩스** 541-8249 | **홈페이지** www.mirae-n.com

© 박은호, 강영지 2025

ISBN 979-11-7548-111-4 73450

책값은 뒤표지에 있습니다.
파본은 구입처에서 교환해 드리며, 관련 법령에 따라 환불해 드립니다. 다만, 제품 훼손 시 환불이 불가능합니다.

KC 마크는 이 제품이 공통안전기준에 적합하였음을 의미합니다.
사용 연령: 8세 이상

후끈후끈 꽁꽁
날씨는 변신해

박은호 글 | 강영지 그림 | 김성운 감수

Mirae N 아이세움

야구장 가기 하루 전날, **날씨 흐림!**

날씨가 뭐야?

날씨는 특정 장소에서 짧은 시간 동안 나타나는 공기 상태를 말해.
공기, 햇빛, 물! 이 세 가지가 어떻게 섞이느냐에 따라 여러 가지 날씨가 만들어지지!

1. 햇빛이 땅과 바다를 데우면 공기는 가벼워져서 위로 올라가. 따뜻한 공기가 있던 빈 자리는 차가운 공기가 채우는데, 이런 공기의 움직임이 **바람**이야.

2. 하늘로 올라간 공기는 점점 차가워져. 이때 공기 속 수증기가 공중을 떠도는 먼지 입자와 엉기면 물방울이나 얼음 알갱이로 바뀌어서 몽실몽실 **구름**이 돼.
수증기가 땅 가까운 곳에서 식으면 **안개**가 되고.

날씨를 측정해 볼까?

정확한 날씨를 알려면 여러 가지 날씨 요소를 따져 보면 돼.
기온, 습도, 기압, 강수량, 바람 같은 공기의 상태를 측정하는 거야.
눈에 보이지 않는 공기를 어떻게 측정하냐고? 다 방법이 있지!

기온은 공기의 온도를 말해. 공기가 얼마나 따뜻하고 차가운지 온도계로 측정해.

습도는 공기에 있는 수증기 양을 나타낸 거야. 습도계로 측정해.

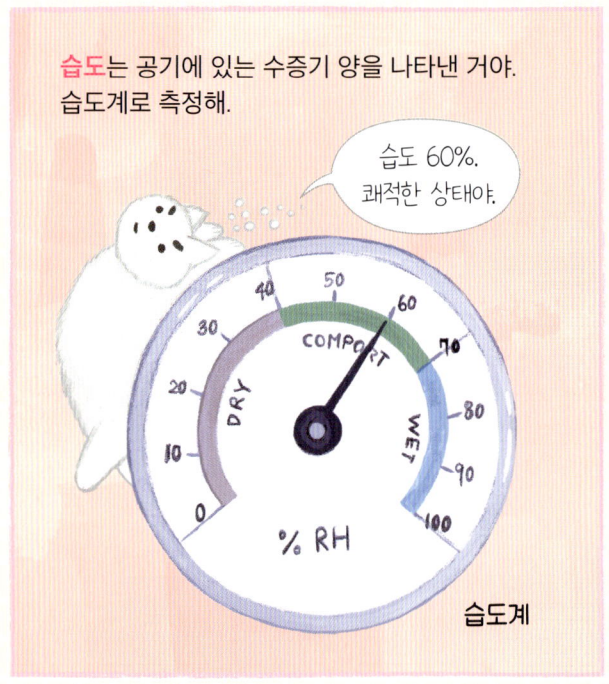

기압은 공기의 무게로 생기는 힘이야. 공기는 공중에 떠 있는 것처럼 보이지만 실은 무게가 있지. 기압계로 측정해. 기압이 주위보다 높으면 고기압, 낮으면 저기압이야.

구름이 날씨를 바꾼다고?

떠 있는 높이도, 모양도 다른 구름! 멀리서 보면 평화로워 보이지?
하지만 구름은 끊임없이 달라지면서 날씨를 바꿔.
어떤 날씨가 올지 궁금하면 구름을 잘 살펴봐.

우르릉 쾅쾅!

화난다, 화나!

적란운
하늘 높이 치솟은 키다리 구름이야.
조심해! 비가 쏟아지고 천둥 번개가 칠 수 있어.

날씨 요정, 이번엔 다시 구름이야?

솜사탕 모양으로, 햇빛을 받으면 하얗게 빛나.
뭉게구름이라고도 해.

적운

권운

하얗고 가느다란 깃털 모양이야.
별명이 '천사의 머리칼'이라나?
맑은 날씨에 나타나.

권층운

흰 면사포처럼 생겼어.
얇게 덮인 구름 사이로 햇빛이 통과해
종종 햇무리를 볼 수 있어.

권적운

생선 비늘 모양이야.

방귀는 아니랍니다.

비행운

비행기가 뿜는 배기가스가
차가운 공기와 만나 생기는
가늘고 긴 꼬리 모양 구름이야.

옅은 잿빛 구름이야. 여름에는 가랑비,
겨울에는 눈을 내려.

고층운

고적운

양떼를 닮아서 양떼구름이라고도 해.
공기가 불안정할 때 생기는 구름으로
날씨가 갑자기 바뀔 가능성이 있어.

오늘 기분 별로야.
말 시키지 마!

난층운

회색빛의 두꺼운 구름이야.
넓은 지역에 오랜 시간
비나 눈을 내려.

옅은 회색 구름이야. 약한 비를 내려.

층적운

롤케이크처럼 구름 덩이가 돌돌 말려 있어.

층운

고도 (km)

12

0

9

이런 날씨, 저런 날씨

아이들과 강아지가 좋아하는 눈! 어른들도 두려워하는 태풍과 토네이도!
날씨계의 최고 인기쟁이와 최악의 악당을 만나 볼까?

날씨계 최고의 인기쟁이는?

함박눈

나는 처음에 아주 작았어.
내가 태어난 날은
포근하고 축축한 날이었지.

아래로 떨어질 때 공기 속의
수증기가 달라붙어서 나는
점점 커지고 화려해졌어.

눈 결정 가장자리가 녹으면서
수십에서 수백 개의
눈 결정들이 엉겨서….

솜뭉치 같은 함박눈이 되었어.

나는 둘 다 좋아!

가루눈

나도 처음에 아주 작았어.
내가 태어난 날은
춥고 건조한 날이었지.

아래로 떨어질 때 나는
크게 자라지 않았어.

눈 결정이 녹지 않아서
서로 잘 들러붙지도 않지.
그대로 땅으로 내려가….

포슬포슬한 가루눈이 되었어.

포근한 겨울엔 **함박눈**,
매서운 겨울엔 **가루눈**!
날씨에 따라 내리는
눈도 다르구나.

날씨계 최악의 악당은?

태풍

나는 더운 열대 바다에서 생겨났어. 따뜻한 공기가 하늘로 올라가 커다란 구름이 되었지.

바다를 지나며 점점 커지고 빠른 속도로 빙빙 돌며 이동해서…!

가운데가 태풍의 눈이야!

마침내 육지에 닿았어! 감당할 수 없을 만큼 힘이 세져서, 엄청난 비를 내려.

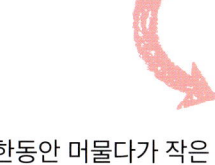

한동안 머물다가 작은 비구름으로 바뀌고, 시간이 지나면 결국에는 사라져.

토네이도

나는 바람이 모이는 육지에서 생겨났어. 성질이 다른 바람이 모여 '슈퍼셀'이라는 커다란 비구름이 되었지.

깔때기 모양으로 변한 구름은 점점 더 빨리 돌면서….

마침내 땅에 닿았어! 강한 회오리가 집, 자동차를 빨아들여!

모든 것을 엉망으로 만들어 놓고, 몇 분 만에 사라져.

짧은 시간에 엄청난 피해를 줘.

날씨로 만든 이야기

옛날 사람들은 날씨를 이해할 수 없었어.
왜 비가 내리고 천둥 번개가 치는지, 또 가뭄은 왜 드는지를.
그래서 사람들은 이야기를 만들었어. 변덕스러운 날씨를 이해하려고!

시간이 흐르자 사람들은 자연 현상을 관찰해서 날씨를 예측하는 속담을 만들었어. 비와 관련된 속담을 알아볼까?

습도에 민감한 동물의 행동이나 식물의 변화를 보고 비가 올 것을 예상한 거야.

당나귀가 귀를 흔들면 비가 온다.

스페인 속담이야. 습도가 높으면 귓속 털이 축축해져서 간지러운 느낌이 들거든.

제비가 낮게 날면 비가 온다.

한국 속담이야. 비가 올 무렵에는 날벌레들이 낮게 나는데, 제비가 이걸 잡아먹으려고 낮게 나는 거지.

데이지가 눈을 닫으면 비가 온다.

유럽의 속담이야. '태양의 눈'이란 별명이 있는 데이지는 습도가 높으면 꽃잎을 오므리거든.

모기가 집 앞에 모여 있으면 비가 온다.

중국 속담이야. 모기는 습한 환경에서 잘 활동하기 때문에 모기가 많이 보이면 비 올 가능성도 높은 거야.

날씨 발명품

날씨를 관측하는 다양한 발명품 덕분에 좀 더 정확하게 날씨를 예측할 수 있었어.
날씨를 과학적으로 이해하기 시작한 거야.

우량계

조선의 임금 **세종**은 백성들이 농사를 잘 짓도록 신하들에게 날씨 관측 도구를 연구하게 했어. 그렇게 해서 만들어진 측우기로 강우량을 정확히 잴 수 있었지.

측우기는 유럽보다 무려 200여 년이나 앞선 세계 최초의 우량계야!

기원전 48년 — **1441년** — **1593년**

풍향계

그리스의 천문학자 **안드로니쿠스**는 바람의 탑 꼭대기에 풍향계를 만들었어. 지금은 남아 있지 않지만, 처음 만들었을 땐 탑 꼭대기에 청동으로 된 바다의 신(트리톤)이 손에 쥔 막대로 바람의 방향을 가리켰대.

온도계

이탈리아의 과학자 **갈릴레이**는 온도에 따라 기체의 부피가 달라지는 원리를 이용해 기체 온도계를 발명했어. 하지만 정확한 온도를 측정하지는 못했지. 정확한 온도를 측정하게 된 것은 유리관에 알코올이나 수은을 넣은 온도계가 만들어진 이후야.

갈릴레이 온도계는 갈릴레이의 이름을 따서 장식용으로 만든 거야. 온도에 따라 유리 공이 뜨거나 가라앉지.

기압계

갈릴레이의 제자 **토리첼리**는 한쪽이 막힌 유리관에 수은을 채운 뒤, 수은이 담긴 그릇에 거꾸로 세우는 방법으로 기압을 측정했어.

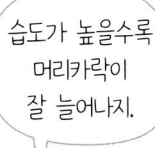
"대기압이 수은을 눌러서 유리관 속 수은 기둥은 일정 높이에서 멈춰."

"습도가 높을수록 머리카락이 잘 늘어나지."

습도계

스위스의 과학자 **소쉬르**는 습도에 따라 머리카락의 길이가 달라지는 특성에서 아이디어를 얻어 모발 습도계를 만들었어.

"이런 노력 덕분에 날씨를 예측할 수 있게 된 거야."

1643년 — **1752년** — **1783년** — **1820년**

피뢰침

미국의 정치가이자 과학자인 **프랭클린**은 연을 띄워 번개가 전기라는 사실을 알아냈어. 그래서 벼락의 피해를 막으려고 건물의 가장 높은 곳에 금속 막대를 세워 안전하게 전기를 흘려보내는 피뢰침을 발명했지.

"열쇠에서 불꽃이 튀네! 역시 번개는 전기였어!"

일기도

독일의 물리학자 **브란데스**는 지도에 날씨 정보를 담은 일기도를 처음 그렸어. 그때는 통신이 발달하지 못해서 각 지역의 날씨 정보를 바로바로 알기 어려웠지. 그래서 브란데스는 도서관에 있는 무려 37년 전 날씨 정보를 모아서 첫 일기도를 그렸대.

"1783년 3월 6일 유럽 서부 지역의 일기도를 그린 거야."

날씨를 예측하는 우리는 한 팀!

오늘날에는 첨단 과학이 발달하면서, 기상청이 날씨를 실시간으로 분석해서
오늘, 내일, 한 달 뒤의 날씨까지 미리 알 수 있게 됐어.
곳곳에서 날씨를 예측하는 과정을 살펴볼까?

2단계: 자료 분석

관측한 날씨 정보를 **슈퍼컴퓨터**의 프로그램에 입력하면,
슈퍼컴퓨터는 앞으로의 날씨 정보를 계산해.
하루 뒤의 날씨 정보를 불과 10분 만에 계산할 수 있어.

3단계: 날씨 예측

기상 예보관들은 회의를 열어서 슈퍼컴퓨터가 예측한 값을 분석하고
지역마다의 특성을 반영해 날씨를 종합적으로 예측해.

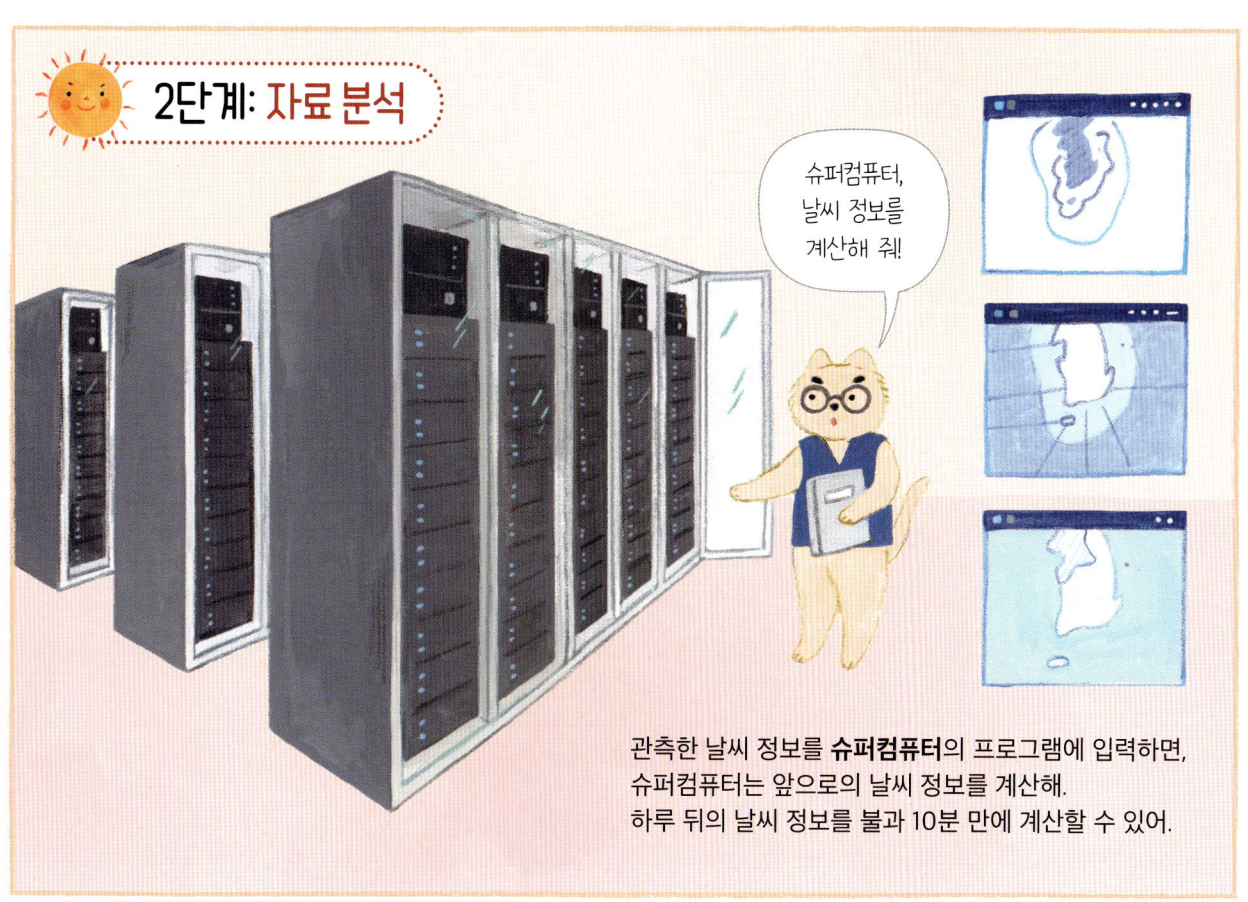

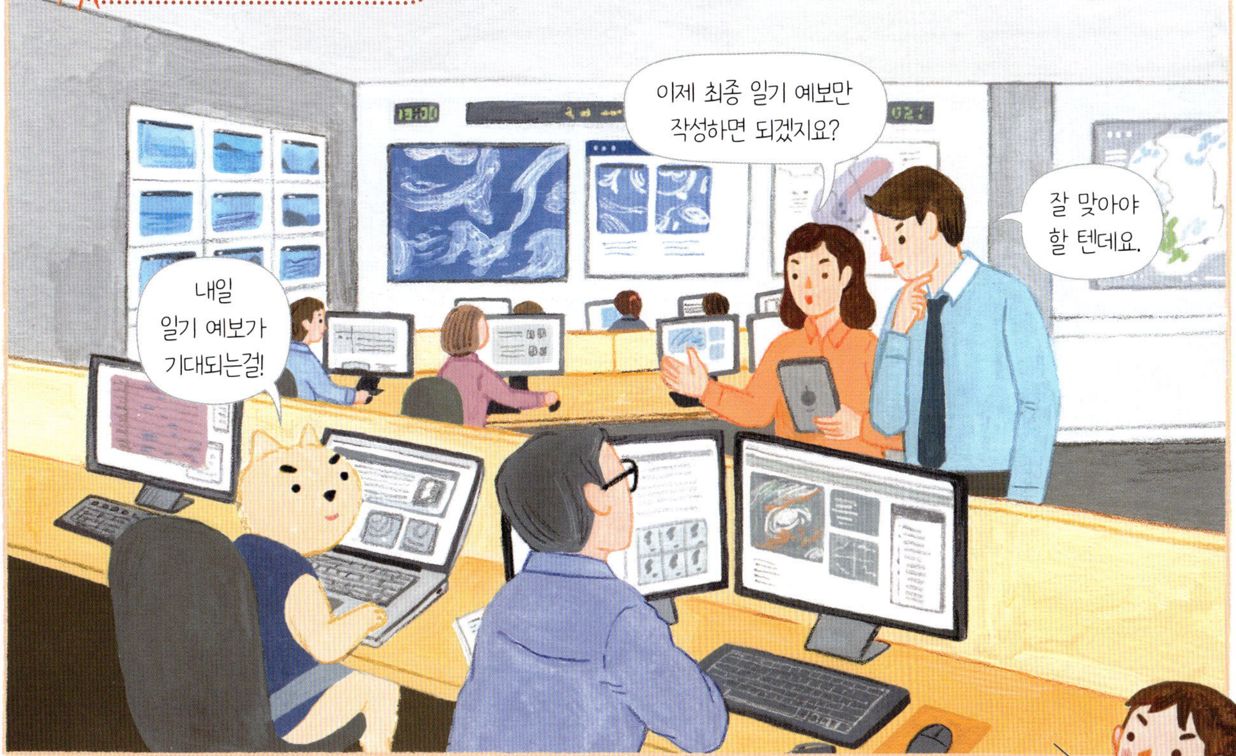

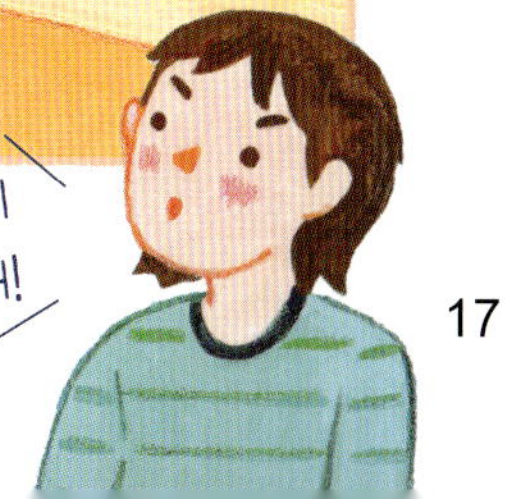

일기도를 읽으면 날씨가 보여

일기 예보 뉴스에 나오는 일기도! 암호가 적힌 비밀 지도 같지? 일기도를 이해하면 날씨를 한눈에 파악할 수 있고 앞으로의 날씨도 예측할 수 있어. 일기도 속 암호를 풀어 볼까?

일기도를 이해하려면 날씨 기호를 알아야 해! 기호 하나에 여러 정보가 담겨 있거든.

날씨 기호
바람의 방향과 속도, 구름의 양, 강수 정보 등을 나타낸 기호야.

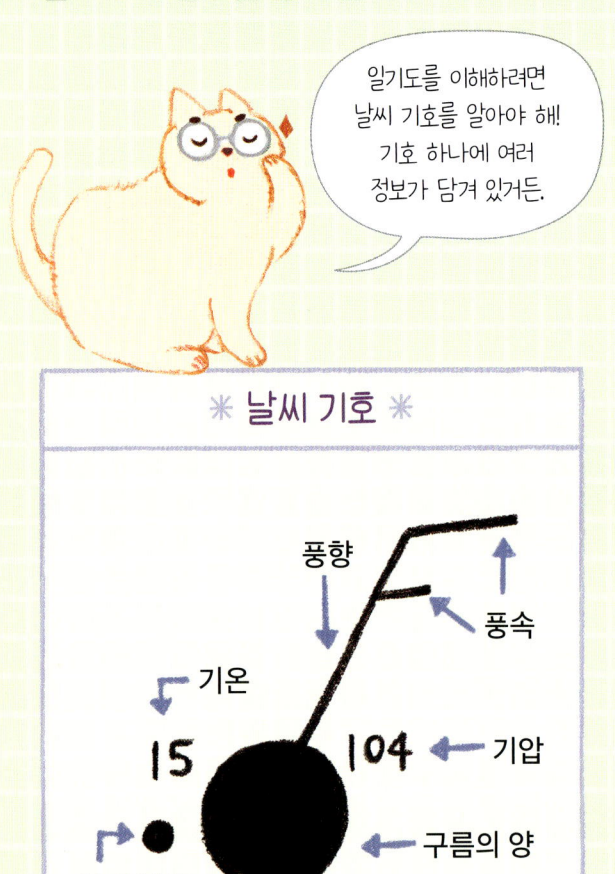

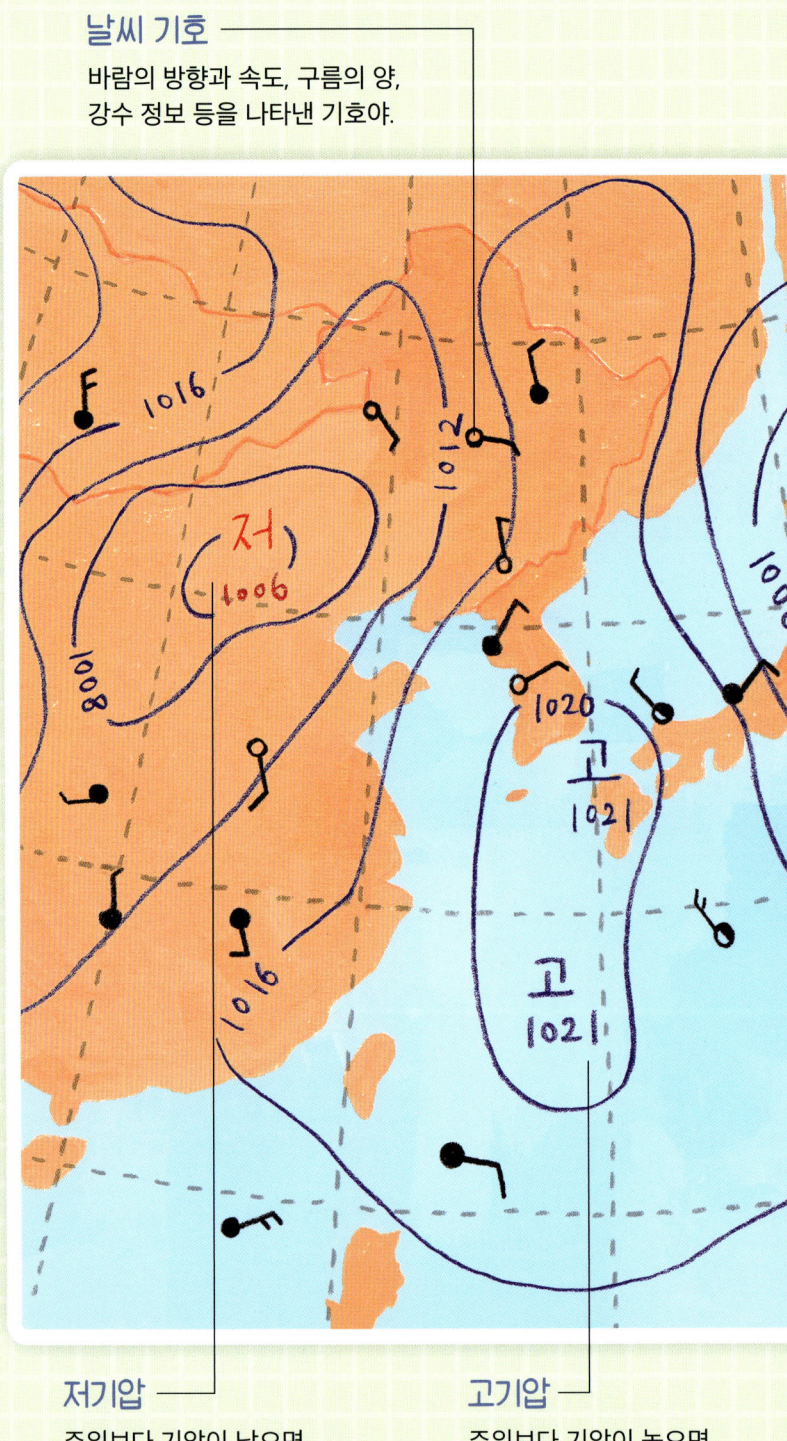

저기압
주위보다 기압이 낮으면 저기압이야. 저기압일 때는 공기가 위로 올라가 구름을 만들기 때문에 보통 하늘이 흐려.

고기압
주위보다 기압이 높으면 고기압이야. 고기압일 때는 공기가 아래로 내려와 하늘이 맑아.

등압선
기압이 같은 곳을 이어서 그린 선이야. 숫자는 기압을 나타내. 등압선의 간격이 좁아질수록 바람이 강해지지.

온난전선
따뜻한 공기가 찬 공기 위에 올라타듯 밀어내면서, 비가 오랫동안 내려.

한랭전선
찬 공기가 따뜻한 공기를 밀어내면서, 바람의 방향이 급하게 변하고 소나기가 내리거나 폭풍우가 치기도 해.

태풍이 올 때는 ͡ 라는 기호로 표시해.

날씨 요정에게 물어보세요!

Q1. 일기 예보는 어디서 볼 수 있어?
기상청 날씨누리, 스마트폰 날씨 앱, 텔레비전 뉴스와 도로 전광판 등에서 볼 수 있어.

Q2. 일기 예보는 왜 보는 거야?
일기 예보는 우리 일상생활에 많은 도움을 줘. 외출할 때 비가 올 걸 알면 우산을 준비할 수 있고, 여행할 때도 미리 계획을 세워 우리의 안전을 지킬 수 있거든.

Q3. 주의보와 경보는 뭐가 달라?
주의보는 많은 비나 폭풍처럼 위험한 날씨로 피해가 일어날 우려가 있을 때 발표하고, 경보는 주의보보다 위험도가 높고 큰 피해가 예상될 때 발표해.

일기 예보를 보면 태풍, 집중 호우, 폭염 같은 위험한 날씨를 미리 알고 대비할 수 있겠네!

끄덕 끄덕

계절에 날씨가 변하는 이유는?

날씨는 날마다 변덕스럽게 바뀌지만, 계절은 때가 되면 변함없이 찾아와.
기온이 높은 여름, 기온이 낮은 겨울, 여름과 겨울의 중간 기온인 봄과 가을.
계절마다 왜 기온이 달라질까?

 지구가 들려주는 계절의 비밀

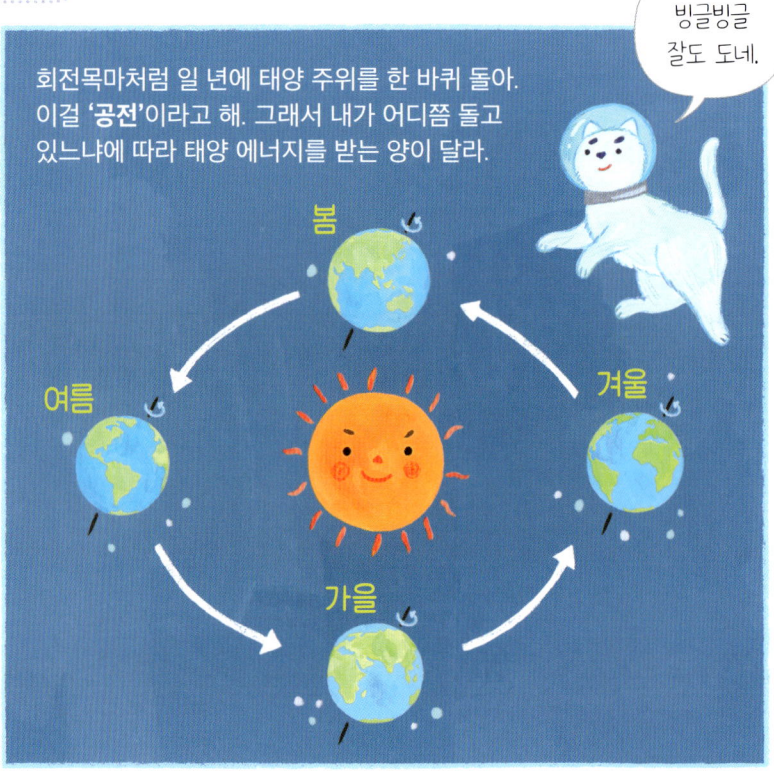

계절은 더웠다, 추웠다 기온만 달라지는 게 아니야! 계절마다 성질이 다른 기단이 찾아와 계절을 더 개성 있게 만들거든. 기단이 뭐냐고? 계절마다 영향을 주는 거대한 공기 덩어리야.

 기단이 들려주는 계절의 비밀

나는 **겨울**에 찾아가는 차갑고 건조한 공기 덩어리. 그래서 겨울이 되면 춥고 건조한 거야.

시베리아 기단

오호츠크해 기단

나는 **초여름**에 찾아가는 차갑고 축축한 공기 덩어리. 덥고 축축한 북태평양 기단과 힘겨루기를 하며 여러 날 계속해서 비를 내려.

나는 **봄과 가을**에 찾아가는 따뜻하고 건조한 공기 덩어리. 봄, 가을에 따뜻하고 건조한 건 나 때문이야.

양쯔강 기단

북태평양 기단

나는 적도에서 올라오는 뜨겁고 축축한 공기 덩어리. **여름**에 적도 근처 바다에서 만들어진 태풍이 북쪽으로 올라오면서 뜨겁고 습한 공기를 한국으로 가져와 많은 비를 뿌려.

적도 기단

나는 **여름**에 찾아가는 덥고 축축한 공기 덩어리. 차갑고 축축한 오호츠크해 기단을 물리치고 본격적으로 뜨겁고 습한 여름 날씨를 만들지.

이제 계절의 비밀이 풀렸지?

응! 날씨 요정, 원래 모습으로 돌아온 걸 환영해!

계절과 날씨

봄, 여름, 가을, 겨울 중 어떤 계절을 좋아하니? 온몸으로 계절의 매력을 흠뻑 느껴 봐!
계절에 딱 맞는 활동은 '작지만 확실한 행복'이라고!

봄
들과 산으로 봄 소풍 떠나기! 도시락은 필수!

우리 우정 포에버!
토끼풀 꽃으로 팔찌랑 반지 만들기

초콜릿 퐁뒤에 딸기를 콕 찍어 냠냠!

아른아른! 땅에서 올라오는 아지랑이 관찰하기

여름
와! 여름이다! 한낮 불볕더위엔 물놀이가 최고!

으샤으샤! 실룩실룩!
지루한 장마에는 댄스 타임!

좋아하는 재료로 시원한 빙수 만들기

첨벙첨벙! 불볕더위에는 물놀이로 맞서기

세상에 이런 날씨가!

이런 날씨 본 적 있니?
놀랄 만한 날씨에 관한 기록을 볼래?

방글라데시

지금까지 기록된 가장 무거운 우박은?

1986년 4월 14일 방글라데시 고팔간지 지역에 자몽만 한 우박이 내렸어. 그중 가장 무거운 건 1킬로그램이 넘었대. 이때 내린 우박으로 92명이 목숨을 잃었어.

프랑스

개구리 비가 내린 곳은?

1833년 프랑스에서는 비바람이 몰아칠 때 하늘에서 개구리들이 떨어졌대. 호수나 강에서 물기둥이 소용돌이치며 솟을 때 휩쓸렸다가 땅으로 떨어진 거야. 비바람이 심할 때 하늘에서 뱀과 물고기가 우수수 떨어진 곳도 있었대.

아프리카

모래 먼지가 가장 많이 날리는 사막은?

아프리카의 사하라 사막이야. 영양분이 많이 든 먼지라서 바람을 타고 대서양을 건너 남아메리카의 아마존까지 날아가 정글의 거대한 나무를 키우는 거름이 돼.

인도

48시간 동안 비가 가장 많이 내린 곳은?

인도 메갈라야주의 체라푼지에선 1995년 6월 15일, 16일 이틀간 무려 249.3센티미터의 비가 내렸어. 원래 이곳은 따뜻한 바다인 인도양의 비구름이 히말라야 산맥과 만나 많은 비를 뿌리기로 유명해. 비로 계곡물이 불어도, 나무뿌리를 엮어 만든 2층 다리가 수 세기 동안 튼튼하게 버티고 있지.

일본
하루에 눈이 가장 많이 내린 곳은?
1927년 2월 일본의 이부키 산에는 하루 동안 무려 230센티미터의 눈이 내렸어.

캐나다
세계에서 안개가 가장 많이 끼는 곳은?
캐나다 뉴펀들랜드 섬 주변에 있는 그랜드뱅크스는 1년 중 200일 이상 안개가 자욱해. 북쪽의 차가운 바닷물과 남쪽의 따뜻한 바닷물이 만나서 짙은 안개를 만들거든.

미국
지금까지 공식적인 지구 최고 기온은?
1913년 7월 10일 미국 캘리포니아주에 있는 데스밸리 사막에서 기록된 56.7도야. 가만히 서 있기만 해도 화상을 입겠네. 데스밸리가 '죽음의 골짜기'라는 뜻이니까, 말 안 해도 알겠지?

한국
지금까지 한국에 제일 큰 피해를 남긴 무시무시한 태풍은?
2003년 9월 12일에 찾아온 태풍 매미야. 많은 사람이 목숨을 잃었고, 4조가 넘는 재산 피해가 났어. 그래서 다시는 태풍 이름으로 '매미'를 쓰지 않는대.

> 꾹꾹 찍어 둔 내 발자국을 찾아 봐. 놀라운 날씨 기록들을 만날 수 있을 테니!

우주 날씨를 말씀드리겠습니다!

대기도 없는 우주에 날씨가 있다고? 우리가 아는 바람과는 좀 다르지만,
우주 공간에도 바람이라 이름 붙은 것이 있어. 바로 우주 날씨를 좌우하는 태양풍!
우주에 태양풍이 일어나면, 지구에는 어떤 일이 일어날까?

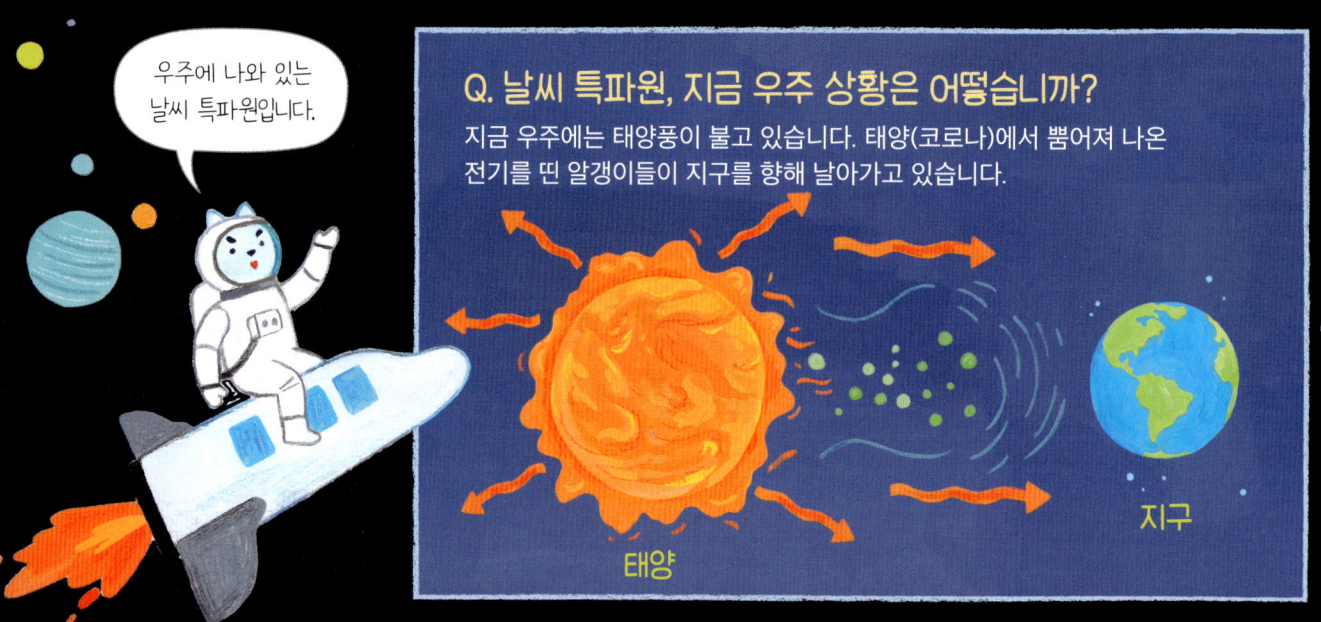

Q. 날씨 특파원, 지금 우주 상황은 어떻습니까?

지금 우주에는 태양풍이 불고 있습니다. 태양(코로나)에서 뿜어져 나온 전기를 띤 알갱이들이 지구를 향해 날아가고 있습니다.

"우주에 나와 있는 날씨 특파원입니다."

태양 / 지구

Q. 지구로 오고 있다고요? 그럼 어떻게 되나요?

지금 태양풍이 지구 가까이 다가왔습니다. 다행히 지구를 둘러싼 자기장이 밀어내서 전기 알갱이들은 대부분 우주로 흩어졌습니다.

지구 자기장 / 태양풍

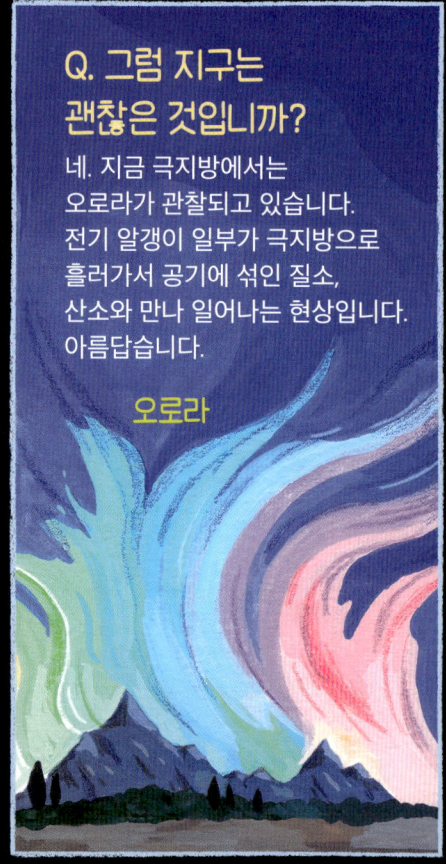

Q. 그럼 지구는 괜찮은 것입니까?

네. 지금 극지방에서는 오로라가 관찰되고 있습니다. 전기 알갱이 일부가 극지방으로 흘러가서 공기에 섞인 질소, 산소와 만나 일어나는 현상입니다. 아름답습니다.

오로라

날씨가 달라지고 있어

해마다 여름은 더 더워지고 겨울 한파는 더 심해져. 태풍도 더 사나워져서, 날씨를 견디는 일이 점점 힘들어지고 있어. 지구에 무슨 일이 일어나고 있는 걸까?

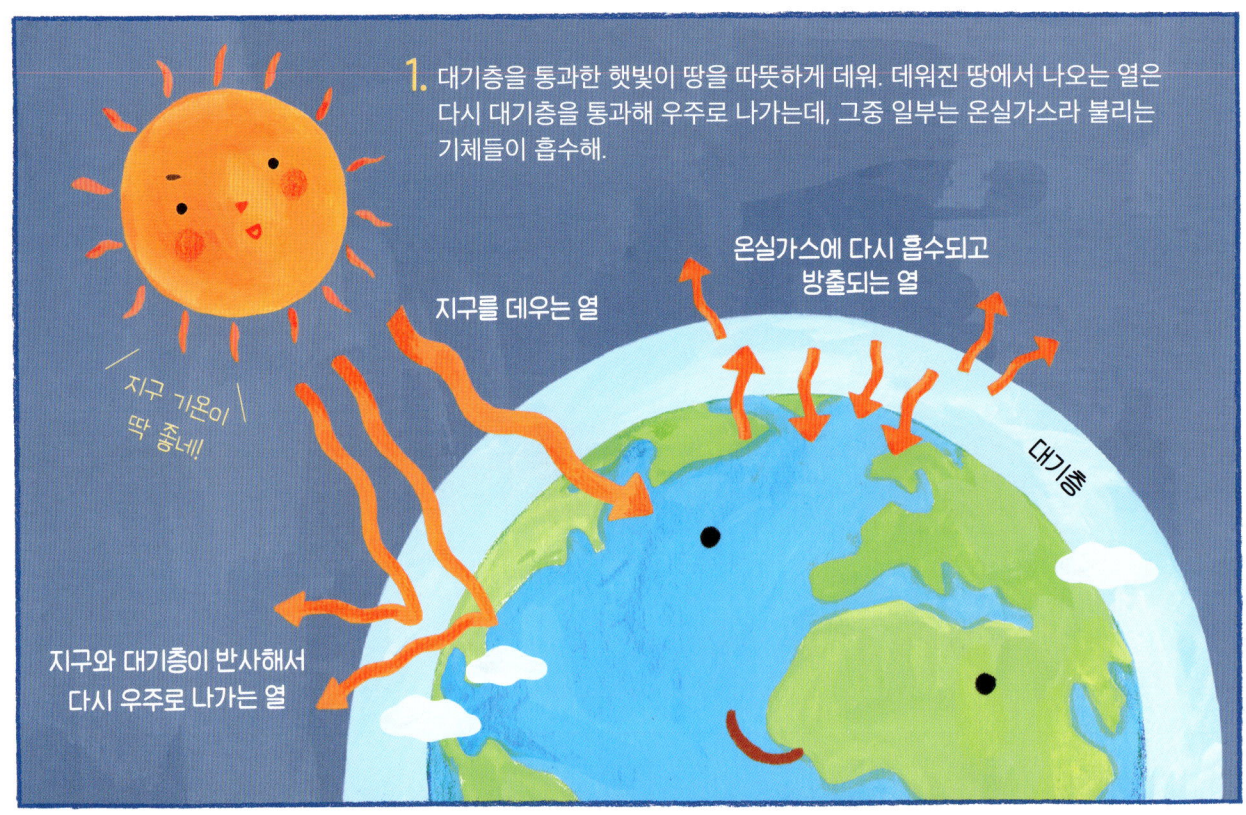

1. 대기층을 통과한 햇빛이 땅을 따뜻하게 데워. 데워진 땅에서 나오는 열은 다시 대기층을 통과해 우주로 나가는데, 그중 일부는 온실가스라 불리는 기체들이 흡수해.

2. 그런데 큰일이 생겼어! 지구에 열을 흡수하는 온실가스들이 너무 많아진 거야.

3. 기온은 점점 더 올라가고, 앞으로 지구 온도는 더 높아질 수도 있어.

열 나는 것 같아.

4. 왜냐하면 지구에 사는 사람들이 편리한 생활을 위해 텔레비전, 에어컨 같은 전기 제품을 마음껏 사용하고, 필요한 물건을 쉽게 사고 버리면서 에너지를 많이 썼기 때문이지. 하지만 이제, 우리 생활 습관을 되돌아봐야 할 때야.

지구 기온이 올라가면 날씨도 달라져!

집중 호우와 홍수
한 지역에 집중적으로 비가 많이 내리면 강이나 하천의 높이가 급격히 올라가면서 홍수가 나.

가뭄과 산불
지구 기온이 오르고 강수량이 줄어들면 가뭄이 들어 산불이 나.

안 돼!

폭염과 한파
보통 여름보다 훨씬 덥고 숨이 턱턱 막히는 폭염과 일반적인 겨울보다 한층 더 매섭고 추운 한파가 찾아와.

생태계 변화
극지방의 빙하가 녹으면서 북극곰이 살 곳이 없어져. 지구 기온이 올라가면 생태계 전반에 큰 변화가 일어나.

진정한 날씨 요정이 되는 방법

누구도 날씨를 마음대로 조종할 수는 없어.
하지만 일기 예보를 통해서 날씨에 대비하고, 사나운 날씨에도
안전하게 생활할 수 있도록 작은 일부터 실천하면 어떨까?

출발!

하나
이 책을 열심히 읽는다!

둘
아침마다 일기 예보를 챙겨 보고,
그날 날씨를 가족과 공유한다.

파이팅!

셋
가끔 일기 예보가 틀려도
화내지 않는다.

넷
날씨를 즐길 수 있는
활동을 찾아서 한다.

다섯
일회용품 사용을 줄인다.

야구 경기장 가는 날, **날씨 맑음!**